Pour en finir avec la femme

Valérie Toranian

Pour en finir avec la femme

BERNARD GRASSET
PARIS

À mes fils.

A toutes celles que le féminisme ennuie.

Qui ont vraiment autre chose à faire.

Qui n'auront pas le temps de finir ce livre.

Qui vont chez le psy.

Qui ne vont plus chez le psy.

Qui aiment les hommes, même mal.

Qui détestent qu'on leur dise « vous, les femmes ».

Qui adorent dire « nous, les femmes ».

Qui en ont marre d'être coupables. Et encore plus victimes.

Qui savent bien que les hommes ne sont pas des femmes. Et vice versa.

Qui savent bien que les femmes ne sont pas des femmes. Enfin, pas comme on dit.

Qui n'ont aucune indulgence, surtout envers elles.

Qui n'ont aucune indulgence, surtout envers les autres.

Qui se méfient des chefs et des couvre-chefs.

Qui défendent bec et ongles leur place.

Qui savent comme elles sont puissantes et vulnérables.

Qui savent la violence dont elles sont capables.

Qui pensent que la démocratie, c'est comme l'amour. Difficile, mais on n'a pas trouvé mieux..

Qui voudraient bien en finir avec la femme. Et commencer avec les femmes. Toutes les femmes. Avec ou sans Dieu. Avec ou sans foulard.

Alors reparlons des femmes. De nos cages dorées, nos prisons mentales, nos faux amis, nos nouveaux maîtres.

Ce qui nous oppose est trompeur.

Ce qui nous oppresse n'est pas ce que l'on dit.

Ce qui nous libère n'est pas ce que l'on croit.

1

Les valeurs féminines ? une arnaque

JAMAIS la société n'a autant valorisé et glorifié les « valeurs » féminines. Le féminin n'est pas seulement moderne, il est la modernité. Tellement plus subtil que le masculin, tellement moins archaïque. La femme, c'est autre chose. Positive, compréhensive, courageuse, concernée par la vie puisqu'elle la donne. Ouverte au dialogue, peu encombrée par son ego, dans la compassion, le souci des autres, réaliste, pragmatique... N'en jetez plus ! La vertu pèse des tonnes sur nos épaules, mais pas grand-chose dans la balance. On est ailleurs. Singulières, particulières, formidables. Mais souvent hors jeu. Plutôt abonnées aux prix spéciaux qu'aux palmes d'or. La société, si fière de nous avoir accordé nos droits, nous assure qu'elle est déterminée à tourner le dos aux siècles de domination masculine, et nous tend les bras. Pourquoi ne pas se laisser faire ? Pourquoi ne pas croire en ce monde meilleur, réenchanté aux couleurs du féminin ? Parce que c'est un jeu de dupes. Parce qu'y croire c'est se reconnaître une fois de plus dans un destin modelé sur notre essence, et pour les siècles des siècles. Le message est toujours le même : rien n'égale cette nature féminine, rien n'égale cette chance de pouvoir donner la vie ; et d'ailleurs les femmes sont les premières à revendiquer cette expérience bouleversante de la maternité. Nous sommes tous et toutes d'accord, là est l'essentiel, le sel de l'existence. Quoi de neuf chez les femmes ? Rien. Bien sûr, on trouve formidable qu'on fasse des études, qu'on travaille, qu'on ait de l'ambition. Mais puisque nous avons le rôle et le pouvoir d'élever les enfants, et que chacun sait combien nous sommes attachées à leur avenir, on compte sur nous.

On compte sur nous pour l'initiation à Mozart *in utero*. On compte sur nous pour l'allaitement à la demande, les voitures à airbags, les céréales croissance plus. On compte sur nous pour les gélules d'oméga 3, le cartable à roulettes, les cours particuliers, les traitements préventifs pour les dents, les pieds plats, le manque d'estime de soi. On compte sur nous pour voter Vert parce qu'évidemment on est plus conscientes que les hommes des pics de pollution, des bronchiolites foudroyantes, des cancers dus à l'environnement. On compte sur nous pour être matures et ne pas foncer aux urgences pour le moindre bobo, parce que, halte-là, la société n'a plus les moyens de payer, d'ailleurs madame c'est pas votre enfant qu'il faudrait soigner c'est vous, vous êtes tellement angoissée que vous êtes toxique. On compte sur nous pour restaurer l'autorité du père, de la mère, du prof, du policier. On compte sur nous pour former l'élite, parce que y'a pas de secret, vous savez, ce sont toujours les enfants dont les mères surveillent elles-mêmes le travail scolaire, qui réussissent le mieux à l'école. On compte sur nous pour ne pas en faire des obèses et leur préparer des repas équilibrés avec 5 fruits et légumes frais différents chaque jour. On compte sur nous pour tout gérer avec le sourire parce qu'après tout c'est bien nous qui avons voulu travailler, non ? On compte sur nous pour aller vomir nos angoisses trois fois par semaine sur un divan, du moment que ce n'est pas remboursé, c'est notre problème. On compte sur nous pour montrer l'exemple, être dans l'harmonie et l'équilibre, être présente et investie pour que nos enfants aient un bon modèle sous les yeux et pas une mère culpabilisée et épuisée, sinon comment voulez-vous qu'ils s'épanouissent ? Tout ça n'est pas une plaisanterie... Fin du message.

Nous, on pensait qu'aimer nos enfants et les conduire jusqu'à l'âge adulte sans trop de dégâts, ça suffisait. Que nenni. C'est une tâche herculéenne et qui regarde tout le monde. Les féministes défilaient dans les années 70 aux cris de « mon corps m'appartient ». Le corps on ne sait plus, mais le ventre, c'est sûr, appartient à la nation. Cause nationale. Engagez-vous ! On fait tellement peu d'enfants de nos jours qu'il ne faudrait pas les rater. Et si on les rate, la faute à qui ? Je vous laisse deviner... Tout le monde s'insurge contre les discours pétainistes à la gloire des mères, mais en est-on si loin ? Le culte de la maternité ne s'est jamais aussi bien porté. Avant, l'enfant était notre devoir pour l'avenir de la nation. Aujourd'hui, il est plutôt le trésor jaloux de notre épanouissement personnel. Mais jamais la pression et l'exigence de réussite n'ont été aussi fortes, qu'elles viennent de nous ou de l'extérieur.

Y a t-il une femme au-delà de la mère ?

On la cherche. Son statut est beaucoup moins clair. Elle ne suscite pas le même engouement. Son essence sublime est moins identifiable. Dans la plupart des cas, la femme c'est la mère. Confusion des rôles et des statuts, confusion du genre et du destin biologique. Lorsque les femmes sont sollicitées, consultées, intégrées dans le débat, une fois sur deux, c'est pour qu'elles donnent leur point de vue *de femme* (comme s'il y avait UN point de vue de femme !). Et un point de vue *de femme* est bien entendu un avis autorisé sur les questions *de femme, et de mère* : les places en crèche, les équipements sportifs, l'école, la santé publique, le logement, l'hygiène, la vache folle...

On dira que le trait est grossi, noirci à dessein. Peut-être. Que notre pays fourmille d'exemples formidables de réussites politiques et économiques au féminin. Tant mieux. Mais soyons honnêtes : nous-mêmes avons parfois du mal à nous défaire d'une morale qui fait de la maternité notre première légitimité. Que celle d'entre nous qui n'a jamais pensé en voyant une femme politique en campagne : *mais quand donc trouve-t-elle le temps de s'occuper de ses enfants...* jette la première pierre. La pression, la culpabilité sont à l'œuvre, quoi qu'on affirme.

Pourtant, ces exemples de femmes qui réussissent sont extraordinairement importants pour légitimer et encourager les générations futures. Et il reste du chemin à parcourir. Y compris dans nos têtes. Bien sûr, l'accès au pouvoir en politique reste difficile (la parité n'a pas encore fait ses preuves). Bien sûr, au sommet de l'entreprise, les hommes règnent toujours sans partage, ou si peu. (Les femmes ne représentent que 8 % dans les conseils d'administration des 200 plus grandes entreprises européennes). Mais sont-elles autant candidates à ces hautes responsabilités que les hommes ? Non. Elles trouvent souvent d'excellentes raisons pour s'arrêter tout près du but. Mille doutes, mille incertitudes viennent freiner leur ambition. Pas les hommes.

C'est le même schéma pour les études supérieures. Encore trop peu de carrières scientifiques choisies (la voie royale), alors que les filles sont meilleures au collège et au lycée. Par quel revirement incompréhensible une fille qui, pendant toute sa scolarité, de la primaire jusqu'à la terminale, a été la meilleure de sa classe en maths, renonce-t-elle brusquement aux grandes écoles d'ingénieurs qui préparent aux sections d'élite ? Dérobade inexplicable. Sauf à penser justement que certaines hésitent à se projeter dans une lutte de pouvoir...

Que voulons-nous vraiment ? Rester à notre place ou nous battre pour notre place ? Posons la question sans tricher. Sommes-nous prêtes à affronter les enjeux, à prendre le pouvoir ? Et pourquoi le prendre à tout prix ? Le modèle de la réussite et de la performance doit-il forcément être le nôtre ? Travailler moins, s'occuper de soi, privilégier sa qualité de vie, n'est-ce pas un objectif autrement plus noble ? D'accord, mais à condition que ce style de vie soit librement choisi. Aujourd'hui 33 % des femmes qui travaillent à temps partiel ne le font pas par choix mais parce qu'elles n'ont pas le choix. Et celles qui font ce choix voient diminuer leur possibilité d'évolution. S'arrêter de travailler pour élever un enfant est aussi une noble cause. Mais il faut en peser les risques. Retourner après plusieurs années d'absence sur le marché du travail n'est pas aisé. Et démarrer une carrière à 40 ans passés n'est pas simple non plus. En France, c'est l'âge qu'ont les hommes lorsqu'ils s'estiment « lancés » professionnellement...

Que voulons-nous vraiment ? La carrière et les enfants, répondent le plus grand nombre. Et si le double exercice du travail et de la maternité continue d'être une équation infernale, les « superwomen » [1*] s'y sont plutôt bien faites. Osons le dire : la course à tout faire et à tout concilier n'est plus tellement un motif de plainte mais plutôt un motif de fierté. Même si les femmes sont peu aidées (pas assez de crèches, d'aide à la garde d'enfants...), même si le sentiment de solitude est réel, même si la fatigue physique est importante, il existe une jouissance secrète à revendiquer ce statut de l'impossible et à s'afficher en héroïne moderne, mère battante, femme exemplaire. Et cette

* Voir Notes en fin d'ouvrage.

jouissance est un élément clé du dispositif qui nous fait tenir et réussir. Nous qui sommes les championnes de la course d'obstacles, nous devrions mettre plus souvent cette disposition intéressante au service de notre carrière. Et ne pas bouder notre plaisir.

Le pouvoir reste tabou pour les femmes parce qu'elles osent encore peu s'y projeter. Souvent elles vivent leur ambition sur un mode coupable. Qu'elles en soient conscientes ou qu'elles le refoulent. Certaines justifient même leur refus d'accéder aux plus hautes marches comme un « plus » qui prouve leur peu d'appétence pour le pouvoir, contrairement aux hommes qui « ne pensent qu'à ça ». Mais le pouvoir est un permis de construire. On ne peut pas vouloir le changement et s'enfermer dans l'impuissance et l'amertume.

Etre mère n'est pas un statut, c'est un cadeau de la vie. Etre femme, voilà l'essentiel.

A égalité de destin avec les hommes.

2

La culture psy ? l'opium des femmes

DROGUE dure. Légale et parfois même remboursée. L'addiction au discours psy est le prix que nous payons pour nos doutes, nos désarrois, notre difficulté de vivre. Chez la femme, c'est surtout le reflet d'une quête jamais achevée : la parole magique qui la délivrera de ses angoisses. L'invasion « civilisatrice » de la psychologie dans nos vies nous a transformées en papillons de nuit aux trajectoires désordonnées, fonçant d'une source de lumière à l'autre, à la recherche de celle dont jaillira « la vérité ». Vite, un conseil ; vite, un avis autorisé ; vite, un miracle. On ne va pas tirer sur les psys, d'autres se chargent de le faire au nom d'un douteux désir d'« assainir » la profession. La démarche analytique n'est pas non plus en cause dans cette critique : l'analyse est tellement longue, complexe et coûteuse, dans tous les sens du terme, qu'elle constitue une expérience existentielle unique dont la particularité est justement de ne déboucher sur aucune recette. Parlons plutôt de la psychologisation à outrance de notre univers. L'avis du psy sur tout ce qui bouge est désormais incontournable. Mieux : on n'a plus besoin de psy pour faire du psy. L'imprégnation est osmotique. La culture psy envahit l'espace, la pensée, les réflexes, le langage. Lorsqu'on est blessée, on est trauma. Lorsqu'on ne parle pas on est autiste ; lorsqu'on ne parle toujours pas, on refoule. Si on est triste, on est dépressive. Si on s'énerve, on est hystérique ; si on ne s'énerve pas, on est névrosée. Le voisin a une tête de psychopathe, la nounou nous sadise, nous traînons notre logique d'échec du boulot à la maison, le rhume des foins c'est bien la preuve qu'on somatise, la jambe cassée c'est certainement qu'on s'empêche d'avancer. Toutes les femmes, pardon, presque toutes, parlent comme ça. La culture psy, non seulement nous la maîtrisons, mais nous l'incarnons ! Et alors ? Trois tics de langage et la manie de faire de la psychologie de bazar ne menacent pas fondamentalement la condition des femmes. Non. Sauf lorsque cette culture psy nous renvoie éternellement à un statut de victime ou qu'elle alimente sans cesse nos doutes et nos angoisses de mère sous couvert de vouloir nous en libérer.

Toutes victimes

Etre victime, voilà la grande affaire. Victime de son passé, des traumatismes de l'enfance, de sa mère castratrice, de son père absent, victime des secrets de famille, des non-dits, victime des hommes, victime de soi, victime de l'amour... La culture psy nous a appris la libération de la parole et nous en faisons parfois un usage dévoyé et extravagant. La psychanalyse reconstruit des individus traumatisés dans le cadre de la cure analytique. Mais faut-il se réclamer de cette blessure, définit-elle notre identité, pire, notre statut ? C'est la dérive à laquelle nous assistons. Si vous êtes victime, il faut le dire. Que le monde sache, que les mots fusent. Vous avez droit à la réparation, à la considération. Ecrivez un livre, passez à la télé. Vous n'étiez rien, vous serez tout, c'est-à-dire une victime ! Le kit est préfabriqué, reste plus qu'à fournir deux données personnelles, un symptôme, et hop. Vous voilà lancée dans votre nouvelle carrière. Vous ne vous sentez pas vraiment victime ? Qu'importe, c'est une appréciation très relative. On est toujours victime de quelque chose. Ça ne va pas fort, ça ne tourne pas rond ? C'est suffisant ! On monte un dossier...

Les victimes « classiques », celles qui subissent la violence, la pauvreté, la discrimination, les agressions ne font pas toutes le même usage ni le même commerce de leur position. Parfois même, elles ont tout simplement du mal à se faire entendre ou aider. Qu'importe. Le barnum est ailleurs.

Les femmes sont de bonnes candidates à la logique de victimisation. D'abord pour cette excellente raison qu'elles ont été et demeurent encore souvent de réelles victimes : victimes de leur condition d'inégalité avec les hommes, victimes d'un marché du travail qui les pousse à la précarité, victimes de la violence conjugale qui continue de tuer plusieurs femmes par mois en France, victimes d'agressions sexuelles, encore et toujours. Il y a des conditions historiques objectives qui travaillent au plus près les ressorts psychologiques des femmes. Grattez légèrement : les griefs, les frustrations, les reproches sont à fleur de peau. Mal cicatrisés. Depuis plusieurs générations. Comme le fil tendu d'amertume d'une histoire qui n'en finit pas de panser ses plaies.

Ensuite parce que prolonger cette position comporte des avantages. Je suis victime donc j'existe. J'apitoie, je dénonce, je menace. De ma pleine souffrance, je fais ma condition. Pour certaines féministes, ce statut est presque l'équivalent d'une définition. L'histoire de la femme est l'histoire de sa domination par l'homme. C'est donc de cette place de victime qu'elle parle et qu'elle exige reconnaissance pour son sexe. C'est ce qui fonde sa différence et son droit à la différence. N'est-il pas dangereux de se déterminer au nom d'un statut discriminant intériorisé ? Ne vaut-il pas mieux se battre pour s'extraire du statut de victime mais aussi du discours de victime ? Et préférer se faire respecter plutôt que se faire plaindre ?

Tu materneras dans la douleur

Un jour dans la vie d'une femme, l'enfant paraît. Et plus rien ne sera comme avant. Nos amis les psys, c'est peu dire comme on les aime. On dévore leurs conseils dans les magazines, on collectionne leurs livres sur nos étagères. Entre eux et nous, le couple devient infernal. Pervers polymorphe. Ce qu'on veut, ce sont des conseils efficaces. Et que ça marche tout de suite. Parce qu'il y a pire que les cris du petit qui veut dormir dans le lit parental ou le mutisme de l'aînée qui collectionne les piercings et les mauvaises notes. Il y a notre propre angoisse, jour après jour, année après année, jamais calmée, jamais surmontée. Beaucoup de moments heureux, bien sûr. Mais il suffit de si peu pour que la bête revienne, le nœud se reforme. Avec l'enfant, la base de l'addiction au psy est en béton.

Que dit le discours psy ? S'il est intelligent, il

nous rassure. Car quel que soit le cas de figure, on ne pose qu'une seule et même question : suis-je une bonne mère ? Il faudrait toujours avoir la chance de tomber sur un psy ou un pédiatre qui vous renvoie à votre compétence, à votre légitimité et qui redise tout simplement que vous êtes la meilleure mère possible : d'ailleurs, regardez comme vous l'avez bien élevé votre enfant, il est magnifique. Le reste (et le reste peut être lourd et grave...) n'arrive qu'après. Mais souvent, le discours n'est pas celui-là. Il s'articule autour de la recherche légitime de ce qui ne va pas. Pour ce faire, il nous questionne sur l'état physique et psychique de l'enfant, sur notre relation avec lui, les moments passés ensemble et immanquablement ce que nous percevons, c'est : vous consacrez-vous suffisamment à lui ?

Le rituel est (quasi) immuable. « Nous allons essayer de comprendre ensemble pourquoi il ne mange pas (dort pas, travaille pas, etc.) ; puisqu'il y a symptôme c'est important de le lire, de comprendre ce que ça cache, quel est le mal-être, le refoulé, la détresse qui habite ce petit corps, nous n'allons pas le laisser seul avec son problème, vous êtes inquiète c'est normal mais nous allons faire un “travail”, vous devrez être vigilante, attentive, l'entourer de votre affection, sans l'étouffer, sans lui poser de questions, mais tout de même en étant disponible au cas où il voudrait engager la discussion... »

Assise en face, accablée, nous ne sommes plus qu'une tonne de plomb, incapable de réagir, nous répétant en notre for intérieur : mais pourquoi mon enfant souffre, qu'est-ce que j'ai fait, qu'est-ce que je n'ai pas fait, ça doit être moi, je suis trop angoissée, il le sent, je ne suis pas assez à la maison, je travaille trop, je n'ai rien vu venir...

La boucle est bouclée.

Ce n'est évidemment jamais le psy qui vous reproche de travailler. Mais dans son questionnement, vous n'entendez qu'une chose : votre enfant a besoin d'une présence chaleureuse, bienveillante, rassurante. Etes-vous capable de la lui prodiguer suffisamment ?

Le psy n'est pas le pire, loin s'en faut. Il est généralement impuissant à nous sortir de notre culpabilité, mais au moins il tente d'aider l'enfant et il y réussit parfois. Même si ce n'est que provisoire. Jusqu'au prochain symptôme, qui nous précipitera instantanément dans son cabinet ou plutôt dans le cabinet du concurrent. Le pire donc, c'est l'entourage de notre enfant. Tête de liste, dans la catégorie « comment nous faire plonger en deux phrases lapidaires au fond du trou », on trouve : des nounous de crèche, des maîtresses, des psychologues scolaires, des profs...

Le rituel est (quasi) immuable. « Je suis content(e) de vous voir : ça ne va pas fort. Il est comment chez vous ? Ah bon, il est gai ? Vous vous êtes bien rendu compte qu'il y a un problème, tout de même ? Il ne joue pas avec ses camarades. Je le trouve triste... Vous l'élevez seule ? Ah, vous êtes divorcée... Qui est la personne qui vient le chercher ? Elle change souvent, c'est pour cela que je vous pose la question... Et son frère, il a des bons résultats scolaires, lui ? Ce serait formidable si vous pouviez vous occuper personnellement de ses devoirs ; la dernière fois que vous l'avez fait, il était tellement heureux, je ne l'ai pas reconnu... Il dit que ses cahiers sont pas signés parce que vous n'êtes pas là le soir... Vous savez ça va être dur le CP. Vous savez ça va être dur le collège. Vous savez ça va être dur le lycée... »

Avouez qu'il y a de quoi être déstabilisée. Et se demander légitimement s'il ne vaudrait pas mieux changer de rythme, trouver un travail moins payé mais moins prenant. D'autant que ce questionnement rencontre une autre tendance très à la mode chez les plus jeunes : la valorisation de l'intime, la quête de l'harmonie personnelle, la qualité de vie, le temps pour soi. On privilégie son foyer et on refuse les lois imbéciles du monde du travail qui nous en demande toujours plus. Les mères de famille sont les premières captées par ce discours. On a beau dire hypocritement que cette tendance est générale et exprime aussi bien les désirs profonds des hommes, c'est faux. L'harmonie pour eux est rarement un renoncement au travail.

Prise en tenaille entre le discours du tout-pour-l'enfant qui lui fait douter de ses qualités de mère et l'éloge vibrant du temps pour soi et de l'harmonie de vie, la travailleuse a de quoi flancher.

Les femmes modernes, c'est formidable. Mais ce serait tellement mieux si elles rentraient à la maison pour l'heure du goûter.

Nous, femmes actives, devrions exiger de la Sécu la divulgation et l'affichage public du nombre de consultations d'enfants présentant des symptômes d'échec scolaire, d'agressivité, de cauchemars à répétition, de fumage de joints, de malaises existentiels et dont les mères sont à la maison toute la journée. On se rendrait compte que ces enfants sont aussi nombreux que les nôtres et leurs mères aussi désemparées que nous.

Et ça nous mettrait du baume au cœur pour la prochaine visite chez le psy...

3

La liberté du corps ? sous haute surveillance

FAUT-IL cacher le corps des femmes ? Et au nom de quoi ?

La querelle fait rage régulièrement en France au détour d'un abribus ou d'un panneau d'affichage. Quelle image de la femme est acceptable, laquelle est irrecevable ? La question ne se pose pas lorsque la publicité est franchement sexiste et de mauvais goût. Elle est condamnée à la fois par le grand public, les associations de consommateurs, les féministes spécialisées dans la dénonciation des publicités sexistes et le ministère des Droits de la femme. Lorsque la publicité véhicule des images choquantes, dégradantes, dévalorisantes pour les femmes, il faut fermement la dénoncer et ceux qui s'y emploient ont raison. Mais jusqu'où doit s'exercer le contrôle de la représentation de notre corps ? Qui l'exerce ? Et quels sont les contours et les non-dits de ce politiquement correct ? Le corps d'une femme pour vendre un yaourt ou du savon, est-ce choquant ? Un jeu de langue suggestif pour vendre un eskimo, est-ce passible de censure ? Cet excès de précaution met mal à l'aise.

Que visent les critiques parfois véhémentes sur l'utilisation des femmes dans la publicité ? L'utilisation des êtres humains ? Alors supprimons toutes les pubs avec des bébés aux petits pots, des enfants qui s'émerveillent devant un jouet, des hommes qui contemplent leur calvitie dans le miroir. Et nos amies les bêtes ? Pourquoi la SPA ne les protégerait-elle pas des instincts carnassiers du marketing animalier ?

On voit bien que la question n'est pas là. Ce qui gêne certains, c'est la femme dans la représentation ou la suggestion érotique. Ce qui est insupportable, c'est la femme prise en flagrant délit de séduction, objet du désir ou source de désir. On dénonce une image utilitaire mais ne dénonce-t-on pas aussi la représentation du désir exprimé par la femme ? C'est pour cela qu'il est juste de parler d'une tentation puritaine. Les féministes ont-elles raison lorsqu'elles stigmatisent l'image de la femme dans la mode ? La défense du droit des femmes n'est pourtant pas incompatible avec la séduction, la légèreté, la sensualité... Pourquoi la représentation du corps serait-elle forcément avilissante ? Comme si, nous-mêmes, devions l'appréhender par le prisme du regard masculin qui en fait un objet. La femme exprimant un désir est-elle uniquement femme-objet de l'homme ou existe-t-elle aussi dans son propre désir de femme ? Le désir de la femme est-il donc toujours aussi subversif ? Ne continue-t-il pas de gêner ?

Triste constat. A-t-on libéré son corps pour mieux gérer la procréation grâce au droit à la contraception et à l'avortement ? Ou a-t-on aussi libéré son corps pour assumer librement sa sexualité ? Le désir est un produit complexe de l'inconscient, des fantasmes, de l'histoire personnelle, de la culture. La sexualité n'est pas la reproduction, dans le domaine physique, de la domination masculine sur la femme, comme l'affirment certaines. (Rappelons que le Front des lesbiennes radicales dénonçait dans les années 80 la collaboration des femmes hétéro avec le pouvoir masculin parce qu'elles acceptaient... la pénétration.)

Le sexe est le seul domaine privé irrationnel qui échappe aux constructions et aux idéologies. La scène érotique comme champ libre des fantasmes de chacun suppose qu'on y interprète mille rôles. Il n'y a pas de dominants et de dominés. Le désir érotique est subversif, il déconstruit tout sur son passage. A ce titre, le sexe pourrait être le lieu où se désapprend le plus sûrement la domination masculine...

Penser que leur sexualité les menace, c'est considérer les femmes comme des êtres immatures, infantiles, incapables de résister au désir de l'autre, éternelles proies pour le mâle prédateur et qu'il faut protéger de leur faiblesse congénitale. C'est exactement le discours de la science à l'endroit des femmes au XVIIe siècle. C'est aussi celui des ligues de vertu américaines du début du XXe siècle, et c'est le discours de tous les intégrismes depuis la nuit des temps, qu'ils viennent d'Orient ou d'Occident, du nord ou du sud. Avons-nous vraiment envie de cela ? Souhaitons nous qu'on nous protège de nous-mêmes ? Et de toutes les pulsions sexuelles qui pourraient venir nous corrompre ?

Autre exemple : le harcèlement sexuel. Les associations féministes se sont battues à juste titre pour sa pénalisation. C'est une pratique inacceptable qui contraint les employés à passer sous silence les privautés et les abus dont ils sont victimes, car ils sont fragilisés dans leur position face à un supérieur hiérarchique. Sauf que dans la loi de modernisation sociale de 2002, on ne fait plus la différence entre le supérieur hiérarchique et le collègue. Et s'il y a plainte, le fait d'apprécier si le consentement entre adultes est un consentement « tout à fait libre » est laissé à l'appréciation des juges. Le risque est clair : celui de criminaliser le rapport sexuel plutôt qu'une éventuelle discrimination, rendue difficile à évaluer. S'il faut se réjouir de la loi sur le harcèlement sexuel ne faut-il pas s'inquiéter de ses dérives ? S'achemine-t-on vers une américanisation de la loi comme à l'université de Princeton où est passible de poursuite « l'attention sexuelle non désirée qui engendre un sentiment de malaise [2] » ?

Lorsque les Chiennes de Garde défendent le film de Virginie Despentes *Baise-moi* contre la censure au motif que ce film constitue une « légitime réaction à la violence pornographique des hommes », alors que cette même association condamne d'ordinaire la pornographie comme une forme achevée du sexisme, que faut-il entendre ? Que si la violence sexiste est dirigée contre les hommes (et c'est le cas de ce film), alors elle est légitime ? On voudrait que les femmes soient toujours à la pointe des combats pour la liberté et l'égalité et on a l'impression d'assister à une dérive. La hiérarchie des mots d'ordre est de plus en plus confuse.

Certaines féministes choisissent de s'attaquer à la violence sexiste des images publicitaires ou pornographiques et restent très prudentes sur des questions d'actualité brûlantes : les femmes des quartiers subissant la violence, les mariages forcés, le sort des filles voilées, la pression qui s'exerce parfois sur les plus jeunes pour porter le voile, le prosélytisme religieux de certaines qui agissent au nom de la domination masculine intégriste... Voilà pourtant une « représentation » de la femme qui mériterait qu'on s'indigne. Mais les réactions restent étrangement embarrassées.

Drôle d'époque.

Pourquoi ce corps qu'on ne saurait voir ? Qui veut cacher les femmes ? Débat gênant qui réunit dans une approche puritaine des personnes de nature très différentes. Que les intégristes veuillent supprimer la vision et donc la représentation du corps de la femme, on le sait. Pour eux le corps de la femme est impur par nature, il doit être soustrait au regard des hommes puisqu'il déclenche des pulsions dont ils ne sont pas responsables... Mais les féministes sont-elles sûres d'engager dans le contrôle des représentations du corps la bataille prioritaire des droits des femmes ?

Dans *Le deuxième sexe*, Simone de Beauvoir voulait émanciper les femmes des prisons culturelles qui enfermaient leur désir et leur liberté. Qu'avons-nous fait de cet héritage ? Avons nous troqué ce « destin de naissance » dont nous ne voulions pas contre une condition de victime qui nous enferme tout autant ? Le mâle demeure-t-il à jamais un prédateur et nous ses proies effarouchées parce que des siècles de domination en ont décidé ainsi ? L'évolution de notre société n'a-t-elle pas remis en cause une partie de ces représentations depuis cinquante ans, en tout cas en Occident ? La domination masculine continue de fonctionner mais ses rouages sont plus complexes. La pensée féministe doit être en mesure de renouveler ses approches, d'exercer librement son droit de critique et d'autocritique, loin des carcans idéologiques, des dogmes crispés. Notre crédibilité en dépend.

Pour ceux qui pensent que toutes ces considérations sont de l'ordre d'une querelle féministe et que la société, résolument plus libre envers la sexualité, n'a plus de désir moralisateur, une petite devinette : quelle est la sitcom à succès mondial la plus puritaine de ces dernières années ? *Sex and the City*. Les femmes célibataires jouisseuses et délurées sont peut-être rigolotes mais incapables de se fixer. Elles finiront en talons aiguilles, minces, tristes et toutes seules. Bien fait...

4

Le mythe de l'innocence ? la fin d'un tabou

LES photos de la soldate américaine Lynndie England [3], tenant en laisse un prisonnier irakien ou souriant la clope au bec devant une rangée de prisonniers nus et encagoulés, resteront à jamais gravées dans nos mémoires. Tant mieux. A chaque fois que s'effondre un peu plus le mythe de l'innocence et de la prétendue bonté innée des femmes, il faut s'en réjouir. Comme une prise de liberté. C'est une violence faite aux femmes que de leur dénier la violence qui existe en elle. Cette part d'ombre, cette « banalité du mal » dont Hannah Arendt disait qu'elle était sa menace la plus radicale, nous devons l'assumer comme nôtre, à égalité avec les hommes. Sans excuse, sans tentative de justification. Parfois nous cédons au mal, parfois nous nous battons pour le bien. Notre courage, notre compassion, notre solidarité, notre générosité ne sont pas des qualités innées. Ce sont des choix moraux. D'être humains libres. Hommes ou femmes.

La soldate Lynndie England est aussi inhumaine (et humaine) que ses collègues masculins avec qui elle s'est livrée à des actes de torture ignobles. Elle aura beau dire pour sa défense (probablement avec raison) que sa hiérarchie lui fait porter le chapeau, elle aura beau plaider qu'elle a été insuffisamment préparée à la pression extraordinaire que constitue le quotidien d'une armée d'occupation, elle aura beau prouver que ses supérieurs encourageaient « les résultats », donc la torture, il n'empêche. Elle ne fait pas partie de ceux qui ont fait un rapport ou qui ont signalé des irrégularités. Elle fait partie de ceux qui ont accompli la besogne. Perversion ordinaire. Banalité du mal. Dans le pire comme dans le meilleur, il n'y a pas de différence de nature entre les hommes et les femmes.

Moins médiatisée, mais encore plus violente : l'implication des femmes hutu dans les actes d'extermination commis contre les Tutsi durant le génocide rwandais en 1994. Sur 120 000 accusés emprisonnés en 2002, 3 564 sont des femmes [4]. Les chefs d'accusation sont multiples : avoir pillé, dénoncé, torturé, livré, incité à violer et tué. La plupart des inculpées refusent de parler, sont dans le déni absolu de leurs actes, au point de déclarer : nous sommes des femmes, nous ne pouvons pas avoir fait ça!

Ou bien accusent Satan. Dans les génocidaires « premier degré », c'est-à dire les planificateurs, jugés à Arusha en Tanzanie dans le cadre du Tribunal Pénal International pour le Rwanda, on trouve Pauline Nyiramasuhuko, ex-ministre de la Famille et de la Condition féminine. Elle est accusée d'avoir incité son fils, membre des milices extrémistes hutu, à organiser une politique systématique de viols sur les femmes tutsi. Elle détient le triste record d'être la première femme inculpée de génocide avec viol comme arme de guerre par une juridiction internationale.

Plus compliqué, le cas des femmes kamikazes.

Dans la guerre qui les oppose aux forces gouvernementales de Colombo depuis plus de vingt ans, les indépendantistes tamouls du Sri Lanka (les « Tigres » du LTTE) détiennent un autre triste record : celui du nombre d'attentats suicides perpétré par une organisation armée. Plus de 30 % de ces torpilles humaines (dont celle qui a coûté la vie à l'ancien Premier ministre indien Rajiv Ghandi en 1991 à Madras) sont des femmes. Recrutées vers l'âge de 10 ans, entraînées dans des camps, envoyées au combat dès l'âge de 12 ans. Les meilleures sont sélectionnées pour les corps d'élite qui préparent aux missions suicides. Le moment venu, elles se précipiteront sur leur cible en actionnant le dispositif de leur veste bourrée d'explosifs, selon une technique maintes et maintes fois répétée. En cas d'échec, une capsule de cyanure fixée au bout d'une chaîne autour du cou et avalée à la hâte avant de se faire arrêter par les forces de police. Les « Tigresses » sont le plus souvent des femmes de basses castes dans la hiérarchie hindouiste de la religion des Tamouls, auxquelles leurs instructeurs promettent, grâce à leur sacrifice, un aller direct pour le Nirvana, un moyen d'atteindre plus vite le ciel en raccourcissant la chaîne des réincarnations. « Une offrande qui permet de renaître dans le corps d'une femme de haute caste [5]. »

Quelle est la valeur de l'engagement de ces femmes ? Enrôlées à peine pubères, sont-elles vraiment libres de leur choix ? Ni plus ni moins en vérité, que leurs frères, qui finiront avec elles en torpilles ou sur les lignes de front de la guérilla. Craignant les représailles en cas de fuite. Manipulées, instrumentalisées, comme eux. Mais la plupart du temps, comme eux, glorifiant le sacrifice suprême et revendiquant leurs actes.

Plus proches de nous, plus médiatisés, les actes kamikazes des femmes palestiniennes. En janvier 2002, après la première femme « bombe humaine » se faisant exploser dans un centre commercial de Jérusalem (un mort et une trentaine de blessés), le Hamas et le Jihad islamique émettent une fatwa autorisant les femmes à commettre des attentats suicides. Yasser Arafat avait précédé l'appel puisque le matin même de l'attentat, il exhortait les femmes à donner leur sang et leur vie. Première remarque : le Jihad ou le Hamas, organisations islamistes, donnent à ces femmes un statut « public » (que la loi islamique leur interdit), celui de martyr de la cause, mais au seul prix... de leur mort. Deuxième remarque : nous, opinion publique, ne percevons pas la kamikaze de la même manière que le kamikaze. Sa condition de femme fait de la kamikaze un personnage très fort symboliquement. Dans notre inconscient, son geste est d'autant plus désespéré qu'il s'agit d'une femme (ce qui est aussi vrai pour les femmes kamikazes tamoules ou plus récemment les femmes kamikazes tchétchènes). Une femme destinée à donner la vie capable de se fragmenter en morceaux pour apporter la mort à des civils innocents, c'est bien la marque du désespoir le plus noir. La femme est toujours plus victime, et donc beaucoup plus « innocente » que l'homme. L'hypermédiatisation de toutes les *mater dolorosa* dans les conflits, leurs clichés qui font les unes de magazines procèdent de cette même perception. On convoque notre émotion et notre compassion pour un personnage qui incarne l'innocence par excellence. Même pour la femme kamikaze, alors que son geste est criminel... Pasionaria de la mort, héroïne tragique. L'image frappe. Elle inquiète. Elle bouleverse. Dans un conflit qui est aussi un conflit d'images, ceux qui encouragent cette participation des femmes aux actions kamikazes savent tout le profit qu'ils peuvent en tirer. Acte désespéré ? Utilisation de la femme par l'homme ? Manipulation ? Peut-être tout à la fois. Mais il importe, en tout cas, de se détacher d'une grille de lecture qui fonde le destin de ces femmes à partir d'une prétendue innocence.

Autre tabou ultime dans la représentation de l'innocence au féminin, la pédophilie. Les tristement célèbres affaires Dutroux en Belgique et Outreau en France ont mis en évidence la participation active des femmes, et non pas uniquement leur silence complice. L'abus sexuel chez la femme, et encore plus chez la mère, est aux antipodes de la construction symbolique du féminin, et il est parfois difficile, y compris pour les magistrats, de se convaincre de la culpabilité d'une femme, même si les preuves sont accablantes. Le tabou se double d'un déni. On tolère plus le « dérapage » chez la femme qui materne, qui lange et qui touche... On relaxe beaucoup plus facilement une femme qu'un homme pédophile, comme si pour l'enfant le danger était d'abord d'essence masculine parce que la menace, c'est la pénétration. Dans le cas de l'affaire Outreau, la violence et la répétition des sévices ont fait exploser les représentations : les femmes sont clairement « pénétrantes ». Qu'elles soient plus dans la jouissance sadique que la jouissance érotique ne change rien à l'affaire : elles n'en sont pas moins monstrueuses.

Cette déconstruction du mythe féminin de l'innocence doit être préservée d'un écueil. Celui de croire que cette face sombre de la féminité est récente, ou pire qu'elle est la conséquence de l'émancipation féminine. Autrement dit, vous avez voulu vous libérer de la représentation traditionnelle de la femme, vous avez voulu investir le territoire des hommes, vous les avez finalement copiés dans l'horreur. Au nom de votre libération, vous êtes devenues ignobles. C'est évidemment faux. Il faut se remémorer l'implication des femmes dans le système nazi, la façon dont des associations féministes allemandes ont préféré ignorer le sort de leurs camarades juives ou ont défendu avec conviction la politique eugéniste du Troisième Reich [6]. Se remémorer aussi les actes de collaboration et de dénonciation de femmes françaises sous l'Occupation. On remarquera que la seule représentation négative de la femme admise et connue de tous est celle de la femme tondue à la Libération pour avoir couché avec l'Allemand. Comme si le crime sexuel était le seul représentable, « acceptable ». La femme est montrée du doigt comme traîtresse mais surtout pécheresse, traînée, putain... Coupable de son sexe, de la faiblesse de son sexe, mais du même coup excusée, puisque cette impuissance à gérer les pulsions de la chair est considérée comme la caractéristique, par nature, du sexe... faible. Dans la condamnation de la femme tondue, le cadre de la représentation symbolique est une fois de plus respecté.

La mise en évidence, ici, de ces crimes n'a pas pour but de diaboliser à outrance la part des femmes dans cet exercice du pire, d'autant qu'elle reste somme toute encore largement minoritaire. Il ne s'agit pas, par pure provocation, de développer un plaidoyer à charge.

Il faut, et c'est beaucoup plus ambitieux, en finir avec l'essentialisme de « la femme », sa représentation angélique, sa construction idéologique. Et ce n'est pas simple. Le mouvement féministe lui-même s'est bâti sur cet acte de foi. Hubertine Auclert, féministe rebelle du XIXe siècle, qui refusa de payer ses impôts en 1848 car le suffrage « universel », tout juste voté, avait glorieusement oublié les femmes, proclamait dans sa revue que lorsque les femmes auront des droits civiques, « la sollicitude maternelle embrasera la terre entière [7] ! ». Le mouvement féministe de l'entre-deux-guerres était majoritairement pacifiste et le slogan le plus populaire de ses militantes était : « Si les femmes votaient, il n'y aurait pas de guerre. » Ou bien « Créatrices de la vie, défendons-la ! ».

Aujourd'hui encore, d'étranges discours viennent nous confirmer que le mythe a la vie dure et qu'il constitue même un véritable « front de la différence » qui souhaite faire valoir, d'abord et toujours, la spécificité exemplaire des femmes. Comme ce mouvement « éco-féministe » en Inde, qui célèbre les femmes et la nature dans un double élan et condamne l'exploitation de la forêt par l'homme comme l'équivalent de l'exploitation de la femme par l'homme. La nature et la femme, toutes deux ventres nourriciers, victimes de l'homme, sont réunies au nom d'une similitude, d'une même fonction créatrice et reproductrice pour sauver la planète [8].

Le mythe de l'innocence est dangereux parce qu'il définit une femme hors des réalités, enfermée dans son essence, dans ses propres représentations toxiques, incapable de se penser librement. Cette « grâce de la naissance » nous spécifie, nous catégorise, donc nous exclut. A chaque fois que nous mettons en avant notre différence en tant qu'elle nous prédispose à penser ou à agir de façon singulière, nous sommes dans le faux. Bien évidemment les différences existent entre les hommes et les femmes. Il ne s'agit pas de fantasmer sur la disparition des sexes ou l'émergence d'un nouveau monde androgyne. Mais ces différences sexuelle, physiologique, psychologique, ne constituent pas notre condition.

Nous ne sommes pas notre différence.

La femme n'est pas son sexe.

Elle a un sexe.

5

Le foulard islamique ou comment les bien-pensants ont enterré les droits des femmes

Un foulard. Un simple foulard. Un morceau de tissu aux plis religieusement repassés, qui bouscule le prêt à penser, se joue des clivages politiques traditionnels, réunit des gens que tout oppose, en sépare d'autres que tout rapproche, et sème sur son passage le doute et la confusion. Un vrai débat de société. Houleux, passionné. Trop même, ont dit d'emblée tous ceux qui voulaient en minimiser la portée et qui ricanaient sur cette polémique franco-française ridicule et disproportionnée. Mais pourquoi trop ?

Le foulard était et reste une excellente « question d'école ». Interroger sa valeur et sa signification oblige à questionner notre modèle de société, à pointer du doigt ses défaillances et ses injustices, à réfléchir à ce que nous voulons dire par liberté et égalité, et surtout, à repenser le sens de ce qui nous unit et de ce qui nous divise. En clair, nous sommes au cœur d'un vrai débat social, politique et éducatif.

De ce débat confus, il fallait sortir en posant une question simple. Un pays comme le nôtre, qui croit en l'idée de progrès, dont l'histoire est jalonnée de luttes pour la justice et la liberté, qui depuis trente ans, sous l'impulsion des femmes, a fait évoluer leur statut vers toujours plus d'égalité et qui s'enorgueillit de le faire, peut-il du jour au lendemain accepter avec complaisance, au sein de son école, sanctuaire dédié à l'apprentissage, un signe qui définit la femme dans son impureté, et l'oblige à soustraire son corps au regard concupiscent des hommes ? C'est impossible. Jouer sur les mots en présentant le foulard comme un acte identitaire et non pas un signe religieux est hypocrite : le voile partout dans le monde est le même symbole de l'infériorité de la femme. A ce titre il est, par définition, inacceptable dès lors qu'on croit en l'émancipation de la femme. Et il est, par principe, intolérable dans les lieux où l'Etat républicain est garant de l'égalité de nos droits. Et s'il faut une loi pour l'affirmer, ce n'est pas une loi de plus qui ne sert à rien, c'est un message fort pour redire que l'école est un projet collectif et non pas un lieu d'élevage où chacun doit être traité en fonction de sa différence.

Reposer aujourd'hui la question du foulard ne signifie pas s'appesantir sur un sujet réglé (la loi contre le port de signes religieux ostensibles à l'école a été votée en février 2004).

D'abord parce que le sujet est loin d'être réglé ; certains, comme l'UOIF (Union des organisations islamiques de France), continuent à dénoncer la loi, encouragent les jeunes filles à la contourner et leur promettent une assistance juridique pour attaquer l'Etat en justice si elles étaient victimes d'« acharnement illégal ».

Ensuite parce que le décryptage de ce moment d'histoire est très éclairant sur la façon dont les droits des femmes sont pris en otage par les idéologies.

Enfin, parce que la question du foulard n'est que l'arbre qui masque la forêt des questions identitaires qui se posent un peu plus chaque jour.

Un tissu de vérités

Fascinant foulard... Sa problématique complexe est aussi intime. Au-delà de la défense du droit des femmes, elle oblige chacun à s'interroger sur son rapport à sa culture d'origine, sur la définition de son identité. Elle ravive l'irrationnel, retend le fil de nos histoires personnelles. Passé deux générations, nous sommes presque tous des enfants « d'ailleurs ». Avec des destins chaotiques, des intégrations plus ou moins abouties. Des réussites, bien sûr. Mais aussi des humiliations, des hontes bues, tues, refoulées. Un héritage familial qui travaille à notre insu la trame de nos vies mal recousues. Comme un tissu fragile. Notre foulard à tous, roulé en boule, enfoui sous les souvenirs, et qui réapparaît brusquement. Avez-vous remarqué à quel point chacun, dans la discussion sur le foulard, se sent rapidement obligé d'énoncer ses origines, sa religion, ses pratiques cultuelles et culturelles ? Et l'on voudrait que le débat soit dépassionné...

Nous sommes tous la somme de trajectoires et de fragments d'identité complexes qui nous composent mais ne nous définissent pas. Et c'est l'école la première, qui, un jour, nous permet de sortir du noyau originel en énonçant sa règle : ce que tu es hors d'ici ne m'intéresse pas, mais ce que tu deviendras est mon plus grand souci. Voilà l'outrage. Voilà ce que certains ne supportent pas, qui rêvent d'édicter une nouvelle loi : ce que tu es hors d'ici doit continuer à exister ici ; c'est à la République de trouver les moyens particuliers de s'adapter à toi et à tous et de gérer au quotidien l'ensemble de nos composantes.

La question du foulard a longtemps été abordée par le biais de la laïcité [9]. Avec les partisans d'une laïcité plurielle qui intègre toutes les représentations identitaires et les défenseurs d'une laïcité républicaine qui garantisse un espace neutre pour l'étude dans l'enceinte de l'école. Dans le discours des politiques, élus ou membres des grands partis, très peu de place pour la question des femmes [10]. La position officielle de chaque formation politique a fait l'objet de débats contradictoires. Le Parti socialiste, puis l'Union pour la majorité présidentielle (malgré les réticences de Jean-Pierre Raffarin et l'opposition de Nicolas Sarkozy dans un premier temps) se sont finalement prononcés pour la loi. Les Verts, la Jeunesse communiste révolutionnaire se sont prononcés contre. Le Parti communiste aussi, par la voix de Marie-George Buffet, mais avec beaucoup de divergences internes. Seule Lutte ouvrière a affiché clairement sa position contre le foulard et pour la loi. Olivier Besancenot pour la Ligue communiste révolutionnaire s'est exprimé sous la forme d'un « Ni voile, ni loi », pour le moins ambigu qui d'ailleurs a été l'objet de critiques internes [11].

Lorsque les initiatives émanant de femmes soucieuses de leurs droits se sont précisées, les politiques ont très vite compris l'enjeu qu'elles représentaient. (On ne dit pas que leur motivation était électorale et que le droit des femmes ne comptait pas en tant que tel, mais il est évident qu'élargir l'argument à la défense des femmes c'était faire d'une pierre deux coups : réaffirmer une position de principe forte et toucher l'électorat féminin.) Quant à ceux qui étaient contre la loi, ils ont élaboré des arguments tendant à prouver que, justement, s'opposer à la loi c'était défendre les femmes... Bref, la bataille idéologique pouvait commencer.

Qu'est-il arrivé à nos amis progressistes ?

Etrange époque tout de même.

Où l'on voit l'avant-garde des droits de l'homme, les fers de lance de la gauche « progressiste », les champions des principes, nous expliquer qu'empêcher les jeunes filles de porter le foulard à l'école est une attitude islamophobe, néocolonialiste et que s'indigner au nom de l'égalité c'est pratiquer un féminisme occidental, dominant voire fascisant...

Pour cette gauche progressiste, il y a une gêne considérable à envisager comme prioritaire le droit des femmes. Sa grille de lecture est antilibérale, antioccidentale et toute position de principe doit s'y conformer. Dans ce camp, on trouve [12] : la majorité des Verts, de la LCR et du PC, le MRAP, la Ligue des Droits de l'Homme, certains syndicats d'enseignants.

Pour toutes ces organisations, il n'y a pas de question du foulard, il y a une question sociale et économique globale qui touche les populations défavorisées et un problème raciste qui touche depuis toujours les immigrés. Le règlement des « dysfonctionnements » ne se fera que dans la lutte contre la politique libérale de la droite. Ces organisations refusent de considérer « à part » toute violence, toute régression du statut de la femme, toute menace liée au prosélytisme religieux, à la propagation d'un islamisme identitaire et intégriste. La lutte est sociale et anti-occidentale car l'Occident libéral est l'héritier du colonialisme. Européens, Américains, tous criminels... Air connu... On est très proche des positions de nombreux altermondialistes, dont l'ambiguïté est dérangeante. D'un côté, certains membres d'Attac prônent une position claire sur le foulard et pour la loi. De l'autre, le Forum Social Européen accueille en novembre 2003 Tariq Ramadan, prédicateur très à la mode, chantre d'une modernité aux couleurs de l'islam, défenseur d'une « charia » soft et auteur de propos antisémites inqualifiables.

Dans le discours de cette gauche idéologique, qui a une réelle influence sur les jeunes générations sensibles à une approche antimondialiste (prétendument internationaliste alors qu'elle est en réalité identitaire), les opprimés sont structurellement innocents. Tout Français issu de l'immigration, surtout s'il est originaire des anciennes colonies françaises, est un opprimé, donc un innocent. Il a été victime de l'impérialisme et du colonialisme, aujourd'hui il est victime de l'oppression sociale et du racisme. Il est la figure archétypale de la victime. Corollaire de ce raisonnement : l'Occident bourreau doit arrêter d'imposer son modèle. Auparavant il soumettait les peuples au nom de sa « mission civilisatrice », maintenant il continue de se comporter en puissance néocolonialiste, qui veut faire adopter ses principes, ses valeurs, ses droits de l'homme, sa laïcité, ses « lumières » : tout cela est intolérable, c'est de l'ingérence. Laissons les peuples vivre leur culture, leur différence, leur particularisme. S'ils importent leurs coutumes dans les pays d'accueil où les pratiques discriminantes, les mutilations sexuelles, la polygamie sont interdites, on ne les accable pas, ils ont bien assez souffert. Disant cela, on instaure des droits et des principes à deux vitesses. Les « bonnes blanches » continueront à croquer le gâteau de la liberté et leurs voisines de palier devront se débrouiller comme elles peuvent, entre les pressions, les mariages forcés, l'excision, et les deuxièmes épouses qui débarquent un jour sans prévenir. Le fait que ces jeunes filles soient françaises comme nous, aient été à l'école comme nous pour y apprendre la liberté, l'égalité, la fraternité, ne change pas fondamentalement la donne. Le « respect de la différence » est un formidable prétexte : tout le monde s'en gargarise, certains l'exploitent cyniquement jusqu'au bout.. Mieux vaut ne pas critiquer les pratiques communautaires, cela risque de faire perdre des voix aux prochaines élections... Fin du raisonnement.

Le relativisme culturel ainsi défendu n'est rien d'autre qu'un racisme ripoliné aux couleurs de la tolérance. Si les républicains de gauche ou de droite, qui veulent faire vivre la laïcité et défendre les droits des femmes, sont des néocolonialistes, alors ceux qui renvoient les peuples ou les communautés à leur condition, sous prétexte de respecter leur différence et leur culture, sont des néoracistes. Le droit à la liberté et à l'égalité n'est pas négociable. Il n'y a pas de peuple qui, « par essence », s'accommoderait très bien d'une absence de démocratie, d'une liberté surveillée et d'inégalités « naturelles ». L'essentialisme est décidément la pire des maladies. Tout comme le différentialisme, qui veut mettre en sourdine le droit des femmes au nom du respect des cultures, est un piège, une manipulation, une trahison. Et ceux qui pratiquent la complaisance vis-à-vis des intégrismes sous prétexte que tout musulman, même fondamentaliste, est d'abord une victime, jouent avec le feu. Qui est raciste ? Celui qui discrimine l'autre à cause de ses origines, bien sûr. Mais aussi celui qui l'enferme dans sa condition de victime pour en faire l'étendard de sa propre lutte idéologique. Peut-on exercer une fonction critique, dénoncer des comportements et des agissements intolérables sans être immédiatement accusé d'allumer des incendies irresponsables, d'être islamophobe ? Si certains intégristes s'organisent pour diffuser un islam politique dont la finalité est de pousser au repli identitaire, de bloquer les processus d'émancipation hors du groupe, de désigner les bons et les mauvais musulmans (ceux qui prient et ceux qui ne prient pas), les bonnes et les mauvaises musulmanes (celles qui se couvrent et celles qui ne se couvrent pas), n'a-t-on pas raison de les dénoncer ?

Pourquoi refuser de réfléchir aux parallèles qui peuvent exister entre certains courants intégristes en France et d'autres mouvances islamistes ailleurs, alors qu'ils sont traversés par les mêmes influences politiques et religieuses externes et que l'islam radical dit clairement qu'il a déclaré la guerre à l'Occident et, au-delà de l'Occident, à tous les démocrates du monde ?

Pourquoi taire le message fondamentaliste qui est actif dans les cités et préférer systématiquement mettre en avant le chômage, la précarité, les logements insalubres, les barres HLM ? Evidemment qu'il faut combattre l'exclusion et la précarité. C'est même une mission nationale prioritaire. Mais pourquoi banaliser, relativiser l'islam politique ? Parce que, nous rétorque-t-on, toute stigmatisation des musulmans, même dans leurs courants intégristes, est un chèque en blanc à la droite xénophobe et au Front National. Horreur ! Paralysie. La boucle est bouclée.

Le Front National se frotte les mains, les intégristes musulmans sont ravis qu'on les laisse opérer tranquilles (d'autant qu'ils tirent désormais leur légitimité de la représentation de certains d'entre eux au Conseil français du culte musulman créé en février 2003). Et nos amis progressistes, paralysés par la crainte d'être islamophobes, se transforment en alliés inattendus de l'intégrisme et de l'extrême droite, dont l'obsession commune est d'empêcher l'intégration et de favoriser le repli identitaire. (Cette même hantise d'une avancée du Front National, voire de la droite en général, est une des raisons qui ont empêché les socialistes au pouvoir jusqu'en 2002 d'être plus honnêtes sur la dégradation de la situation des banlieues, la percée de l'islamisme et sa dénonciation. Le voile gêné posé sur la réalité des « quartiers difficiles » est hélas une constante de tous les gouvernements, dont Le Pen a sûrement recueilli les fruits le 21 avril 2002.)

Cette dialectique de l'absurde, cette brèche ouverte sur nos principes, ont été habilement récupérées par les fondamentalistes. Notre conscience de démocrate, notre « esprit des lumières », notre culture des droits de l'homme, ils en connaissent toute la phraséologie, toutes les subtilités, et ils se font un bonheur de la retourner contre nous en nous accusant de les avoir trahis...

Etrange époque.

Nous avons tous dénoncé, sans l'ombre d'une hésitation, les courants catholiques intégristes qui s'opposaient et s'opposent toujours au droit à l'avortement, qui empêchent dans certains pays les médecins de le pratiquer, qui bloquent dans d'autres toute procédure de légalisation (Irlande, Pologne), qui militent aussi pour tenter de donner un statut juridique à l'embryon... Tous unis pour défendre les acquis des femmes. Pourquoi une telle capacité de réaction est-elle si douloureuse à envisager dans le cas de l'islam intégriste ? Au prétexte que les musulmans sont d'abord des victimes ? C'est ce même raisonnement qui prévalait au lendemain des attentats du 11 septembre lorsque circulaient des pétitions appelant à condamner le terrorisme de... George Bush. C'est ce même raisonnement qui brouille l'analyse sur le retour de l'antisémitisme en France car on s'accommode mal d'une possible origine islamiste ou maghrébine de ce dernier. Mieux vaut parler du racisme en général...

L'immigré discriminé dans son quotidien et l'immigré victimisé dans son statut sont les deux versants d'une même impasse. Et ceux qui restent bloqués à l'intérieur sont toujours les mêmes. Il y a cent ans, le « bon nègre » était celui qui se soumettait sans broncher au système colonialiste. Aujourd'hui, le bon immigré, est-ce notre « bonne victime », celle qui nous permet de reproduire tranquillement nos stéréotypes idéologiques sans nous poser de questions ?

On imagine le ras-le-bol des milliers de Français qui voudraient bien qu'on les définisse autrement que par « population maghrébine », de « culture musulmane » et qui n'en peuvent plus d'être l'« Arabe sympa », la « beurette qui réussit », ou le « caïd des banlieues ». Autant que du droit à la différence, ils rêvent peut-être, parfois, du droit à l'indifférence.

Pour le moment, on en est loin.

Pour le moment, on quadrille, on catégorise.

Origine, sexe, couleur de peau, religion : dis-moi qui tu es, je te dirai tes droits. La différence pour chacun, l'infantilisation pour tous. Droit devant nous, le communautarisme. Découpage du territoire identitaire, morcellement de la pensée, neutralisation de tout élan collectif. La subversion ultime est le ralliement au religieux. Bienvenue à Tribuland.

Une démission des féministes françaises ?

Les féministes sont divisées. Elles l'étaient sur la parité, sur la prostitution : elles le sont sur la question du foulard islamique. Les plus naïves d'entre nous espéraient un beau consensus : il n'a pas eu lieu. Ce n'est pas forcément regrettable, le consensus n'est pas une panacée. Le décryptage des mots et des silences, des polémiques et des manœuvres d'évitement, est plus instructif. Qui sont les féministes en France aujourd'hui ? Quelques intellectuelles, des personnalités « historiques » (affreuse appellation...), quelques collectifs qui interviennent généralement sur les publicités sexistes et la violence faite aux femmes, des associations qui se réactivent de temps à autre sur des questions d'actualité et qui se retrouvent, tous les 8 mars, entre République et Bastille, pour la journée de la femme (insupportable institution...). On les connaît peu, mal. Certaines sont pour nous comme les soldates héroïques de nos grandes guerres, celles qui ont gagné la bataille des droits, grognardes au panache intact, qui ne vacillent jamais sur leurs convictions et auxquelles nous rendons hommage. D'autres sont entrées dans la carrière bien après leurs aînées. On les connaît encore moins. Généralement enseignantes, universitaires, sociologues, historiennes, très investies dans les études féministes et les questions théoriques de « genre » (le *gender* anglo-saxon), elles théorisent la différence des sexes et effectuent une relecture de l'histoire de nos sociétés sous l'angle de la domination masculine.

Des féministes opposées au foulard islamique dans l'enceinte de l'école, il y en a peu. Des féministes clairement opposées au foulard islamique et favorables à une loi, il y en a encore moins.

Comment en sommes-nous arrivés là ?

Les plus hostiles à la loi sont celles qui sont proches idéologiquement de la gauche progressiste et de leurs associations. Elles attaquent sur les mêmes arguments et la démonstration tend toujours à banaliser et à relativiser le port du foulard comme symbole de la soumission de la femme pour l'englober dans une liste des revendications globales. Les jeunes filles portant le foulard sont d'abord victimes. Depuis quand punit-on les victimes ? Attaquons-nous au bourreau : « Il faudra bien que la société française accepte de considérer son passé et son présent colonial, qu'elle cesse d'exiger des populations issues de l'immigration (post)coloniale qu'elles fassent allégeance à l'Etat et qu'elles se comportent comme des créatures de l'Etat [13]. »

Banalisation ? Ou encouragement au communautarisme ?

« La laïcité n'est pas une obligation qui concerne les élèves, (...) la focalisation sur le foulard islamique s'inscrit dans un mouvement d'ensemble qu'il est urgent d'enrayer : la colonisation de tous les espaces de la vie sociale par des logiques punitives. Après la fraude dans le métro, le stationnement dans les halls d'immeuble et l'outrage à l'hymne national, c'est l'outrage à l'enseignant qui est passible de prison [14]. »

Banalisation ? Ou grossiers amalgames ?

« Pourquoi tant de passion là-dessus, plus que sur les viols collectifs, plus que sur la discrimination et ses effets sur les jeunes descendants d'immigrés maghrébins ? Le foulard est une réaction française – de jeunes Français – à une situation également française : l'exclusion, le rejet matériel et social d'une partie des jeunes Français par la société française. Parler de l'Algérie, de l'Iran, c'est hors sujet [15]. »

Banalisation. Ou cécité ?

Si c'est un problème social français, comment explique-t-on que le régime islamiste iranien le surveille de si près et ait demandé au gouvernement français de retirer sa loi ? Comme le souligne l'écrivaine Chahdortt Djavann, « la prise de position des dictatures islamistes contre cette loi, ingérence manifeste dans les affaires intérieures françaises, prouverait, s'il en était besoin, le lien étroit entre la prolifération du voile et l'offensive islamiste [16] ».

Pourquoi ces féministes, qui devraient être « ultra-lucides » sur les atteintes aux droits des femmes, refusent-elles de singulariser cette menace particulière qui risque de concerner de nombreuses jeunes filles ?

Quand Elisabeth Badinter, Gisèle Halimi, Antoinette Fouque et Elisabeth Roudinesco [17] (qu'on peut difficilement accuser d'être des suppôts de la droite libérale ou les complices d'une « hystérie collective raciste et islamophobe ») prennent position pour la loi, elles le font, quelle que soit leur sensibilité politique, au nom d'une valeur supérieure, qui est la défense des droits et de la dignité de la femme. Et elles ont raison.

Pourquoi rester sourds aux appels vibrants d'intellectuels et de féministes du monde arabe inquiets d'une montée de l'intégrisme islamique en Europe et qui le dénoncent violemment pour l'avoir subi dans leur chair ? « Le hijab est l'étoile jaune de la musulmane et toute musulmane est une juive que chaque fondamentaliste rêve de déporter cinq fois par jour. (...) Que ferons-nous demain, nous citoyens de culture musulmane, ayant fui nos pays d'origine en raison de la dictature du religieux, de l'absence de démocratie, et qui avons choisi la France, que ferons-nous quand nos filles se feront traiter de putes parce qu'elles n'auront pas porté le voile et que nos garçons se feront traiter de mécréants car ils n'auront pas respecté le ramadan dans les cantines [18] ? » Dans son appel « Féministes, je vous écris d'Alger », Wassyla Tamzali, avocate et militante active des combats pour l'abolition du très réactionnaire code de la famille en Algérie, ne cache pas son amertume : « Nous pensions que nos amies féministes, sur ce sujet du voile qu'elles connaissent parfaitement, sauraient tordre le cou au relativisme culturel qui fleurit bizarrement jusque dans les rangs de la gauche intellectuelle, dans les enceintes sacralisées comme la Ligue des droits de l'homme ! Eh bien non ! Il faudra ajouter au voile une autre victoire, celle de diviser les féministes, d'obscurcir le clair discours de ce mouvement français et de rompre pour la première fois les alliances nécessaires entre elles et nous [19]. »

Malaise chez les féministes : un sentiment de confusion, d'abandon, de démission règne. Où sont nos chiennes de garde ? Sur le front de la publicité sexiste. Où sont les nouvelles féministes, celles des années 2000, qui voulaient changer les rapports homme-femme et se battre avec une énergie neuve sur la question des discriminations ? Sur le front de l'homophobie, de la publicité sexiste, des violences conjugales. Ce que nul ne songerait à critiquer, ces combats étant aussi les nôtres. Mais pourquoi ce silence assourdissant sur une question d'actualité importante qui marque une rupture de nature dans la violence faite aux femmes ? Dès qu'un fait nouveau vient souligner l'installation de comportements inacceptables (comme les déclarations de l'imam de Vénissieux qui explique comment battre les femmes), immédiatement certaines montent au créneau pour condamner... le gouvernement, qui a beau jeu de condamner les déclarations de l'imam alors qu'il ne fait rien contre la violence envers les femmes, qui contribue à la croisade internationale contre l'islam et qui mène une politique sécuritaire et de restriction des libertés.

En réponse à ces stratégies d'amalgames, d'évitements et de confusions, d'autres continuent de marteler les principes. « Comment peut-on confondre soumission volontaire et libre choix, tolérance et absence de tout interdit, respect des cultures et complaisance à la barbarie ? Le voile est humiliant pour les femmes qu'il assigne à une place de proie et pour les hommes qu'il assimile à des prédateurs. Il est une trahison pour toutes les femmes ici et ailleurs qui se sont battues pour ne plus le porter [20]. »

On ne sait pas si les points de vue des unes et des autres évolueront. On ne sait pas si l'islam intégriste sortira vivifié de ces mois de bataille autour du voile. Une chose est certaine : entre l'affaire de Creil et le vote de la loi, quinze années se sont écoulées durant lesquelles le fondamentalisme s'est renforcé. Et ceux qui voyaient dans les imams des banlieues ou les responsables associatifs musulmans des nouveaux « travailleurs sociaux » favorisant une pratique religieuse facteur d'intégration, déchantent petit à petit. Comme Dounia Bouzar, ancienne éducatrice à la Protection judiciaire de la jeunesse, qui explique : « Certains leaders laissent croire que l'islam a tout inventé : citoyenneté, modernité, féminisme, écologie... C'est une option dangereuse, qui fait de l'islam une conception supérieure et écarte les autres visions du monde. Chercher des solutions uniquement dans un texte sacré conduit à une impasse dans un monde moderne... [21] » Enfin un très édifiant rapport de l'Inspection générale de l'Education nationale, remis au ministre en juillet 2004, fait état d'un nombre important de manquements aux règles de la vie scolaire, dus à un basculement rapide et récent dans l'islamisation, pas uniquement en banlieue mais aussi dans les campagnes. La mixité est remise en question. L'antisémitisme est en progression. Certaines mères entièrement voilées ne peuvent être identifiées par les enseignants que dans des pièces closes. Des responsables musulmans ont demandé des robinets et des vestiaires dévolus aux musulmans. Les cours d'histoire, certains écrivains et philosophes sont parfois contestés. Des familles refusent pour leurs filles les sorties scolaires et les classes transplantées (classe de mer, etc.).

Le travail des enseignants et des directeurs d'établissements devient, dans certains endroits, tout simplement héroïque. Plutôt que de les encourager et les soutenir, va-t-on encore les accuser de fantasmer et de jouer à nous faire peur ?

Ni Putes Ni Soumises, l'épreuve de vérité

Elles nous ont réappris le féminisme. Une piqûre de rappel violente, comme un électrochoc sur nos consciences assoupies. Il n'y avait plus uniquement Kaboul ou Islamabad, les femmes algériennes victimes des islamistes, les petites filles bébés abandonnées en Chine, le Nigeria et ses lapidations, George Bush et ses fondamentalistes anti-avortements, le Kosovo ou le Rwanda pris dans la folie exterminatrice. Il n'y avait plus seulement notre solidarité indéfectible avec toutes celles qui se battaient ailleurs. Il y avait, ici, des femmes françaises qui venaient nous rappeler à l'ordre sur nos principes. Des femmes révoltées, déterminées, qui, après la mort tragique de Sohane, brûlée vive dans une cave, avaient décidé de se mettre en marche. Et de sillonner la France, étape après étape. Pour témoigner, pour libérer la parole, pour refuser la fatalité. Pour construire les bases d'un mouvement mixte (les hommes furent présents dès le début), dans la dignité, le respect, la démocratie. Il y avait non seulement une urgence mais une évidence à les soutenir, à être à leurs côtés. Elles nous ont permis de réinvestir différemment le féminisme [22]. A leur corps défendant serait-on tenté d'ajouter puisque, très longtemps, le mouvement Ni Putes Ni Soumises ne s'est pas revendiqué de cet héritage. Pire, il le reniait, comme une institution de bourgeoises qui s'occupent de parité, alors que dans les cités il faut gérer les tabous sexuels, les mariages forcés, le voile, le machisme, parfois l'horreur des tournantes, les filles insultées si elles s'habillent de façon trop féminine, les filles jugées et contrôlées par le

« tribunal des cités », parfois molestées, blessées, violées, obligées de se cacher.

Le féminisme ? A côté de la plaque.

Les féministes ? Absentes. Leurs beaux principes ne dépassent pas les beaux quartiers. Ici on se débrouille. Il n'y a plus d'argent pour les éducateurs, pour les travailleurs sociaux, les imams ont pris le relais...

Le mouvement a démarré en s'appuyant sur le réseau des Maisons des potes de SOS-Racisme. Plutôt ancré dans la culture antiraciste que soudé autour du fanion féministe. Mais petit à petit, le discours, sans rien renier de sa dimension sociale et politique, s'est enrichi et s'est structuré autour des droits des femmes. La première étape symbolique fut la tenue des Etats généraux des femmes des quartiers à la Sorbonne, en janvier 2002, qui donna lieu a un Manifeste de revendications des femmes des quartiers. La dynamique était lancée. Lorsque NPNS, sous l'impulsion de Fadela Amara, démarre son tour de France le 1er février 2003 à Vitry-sur-Seine, où Sohane fut brûlée vive [23], ils sont quelques dizaines. Cinq semaines plus tard, lors de la manifestation pour la journée de la femme du 8 mars, le mouvement est en tête du cortège, tous les collectifs et les associations rassemblés autour de lui, comme autour d'une évidence. Elle fut de courte durée. La décision prise par le mouvement, après mûre réflexion, de défendre la loi contre les signes religieux à l'école et d'articuler le thème de sa seconde marche républicaine autour de la défense du droit des femmes et de la laïcité, a changé la donne. Etant les plus exposés et les plus visibles sur cette position, les militants de NPNS sont devenus cibles privilégiées des islamistes et de tous les mouvements de la gauche idéologique pro-foulard. Avec en prime, des arguments douteux émanant de certaines féministes, sur le thème de l'antériorité et de la légitimité historique. « Il n'y en a plus que pour elles, nous aussi nous faisons du travail depuis trente ans... »

Au lieu de se réjouir que le pavé soit de nouveau investi par celles qui sont dans une demande urgente de solidarité, au lieu de les accompagner, on les accuse de monopoliser l'attention des médias, de ne pas être clairement affiliées à la gauche, de préserver trop radicalement leur indépendance.

Tristes querelles.

Le point d'orgue de cette débandade féministe aura lieu lors de la manifestation du 6 mars 2004, à Paris. Alors que des mouvements (dont NPNS) demandent que le thème de la manifestation soit clairement orienté sur le droit des femmes, la défense de la laicité et contre le foulard instrument d'oppression, le Collectif national pour le droit des femmes et la Cadac (Coordination des associations pour le droit à l'avortement et à la contraception), organisateurs de la manifestation, refusent d'en faire une priorité [24]. Dans leur appel « unitaire », clairement opposé au gouvernement en place, on trouve en préambule la condamnation des « coupes claires dans l'indemnisation du chômage », la dénonciation du temps partiel, du projet du démantèlement de la Sécurité sociale, et le soutien à la lutte des intermittents du spectacle. Ensuite arrive la condamnation du voile, présenté comme symbole d'oppression dans toutes les religions monothéistes (sans prise de position sur le port du foulard à l'école), puis sont dénoncés les intégristes chrétiens qui chantent des cantiques devant le Planning familial, (pas une seule fois l'intégrisme islamique n'est cité). Enfin sont citées la violence envers les femmes, la publicité sexiste, la libre concurrence et la construction de l'Europe libérale, et les guerres où les femmes sont les premières précarisées, violées, prostituées.

Cet appel est signé par plusieurs dizaines d'associations, syndicats, collectifs et mouvements. Mais aussi par le PS, le PC, les Verts, la LCR, Attac [25]... Ni Putes Ni Soumises refusera de s'en solidariser et défilera donc en arrière du cortège. Suivi des mouvements de femmes « pro-foulard ». Tout cela, rappelons-le, dans un contexte de vote à l'Assemblée nationale de la loi sur les signes religieux, qui avait donné lieu à trois manifestations pro-voile, avec participation d'intégristes, dérapages verbaux et propos antisémites.

Cette fuite en avant face aux évidences est au mieux incompréhensible, au pire inquiétante. Pour beaucoup, il s'agit d'une démission. Le sentiment de nombreuses femmes dans les quartiers est, hélas, d'avoir spectaculairement échoué dans leur rencontre avec le mouvement féministe [26]. Et pour toutes celles, ébranlées par cette régression inquiétante, qui espéraient retrouver la dynamique d'une véritable solidarité entre femmes, cette journée aura été la cristallisation d'un malaise, d'une amertume, d'un ratage.

Prendre le voile ? Ou prendre le pouvoir ?

Ne pas céder aux sirènes du repli identitaire, défendre les principes d'égalité et refuser tout ce qui pourrait être le signe d'un renoncement par rapport à nos valeurs, à l'intérieur de l'école notamment, ne dispense pas d'une réflexion sur le sens que revêt, pour celles qui le portent, le foulard islamique.

Dire que les filles voilées sont toutes sans exception l'objet de pression familiale ou religieuse et qu'elles sont obligées de se plier à la volonté du grand frère, du père, du clan ou du quartier, n'est pas satisfaisant. C'est vrai pour beaucoup d'entre elles qui sont sûrement soulagées de pouvoir s'abriter sous la loi républicaine pour contrer la loi familiale. Le discours prosélyte de l'UOIF et ses organisations satellites, qui définissent la bonne musulmane comme une musulmane voilée, progresse et la pression s'accentue dangereusement. Et il est vrai qu'il sera de plus en plus difficile de résister quand de plus en plus de filles le porteront... Mais ce cadre d'analyse ne suffit pas.

Le voile est assumé, revendiqué par beaucoup de jeunes filles qui en parlent parfois comme du signe d'un « féminisme islamique ». Disons-le clairement, il n'y a pas de féminisme islamique, parce qu'il n'y a aucun féminisme qui procède de la soumission de la femme, et qu'il ne suffit pas d'être une femme porteuse d'une revendication pour que cette revendication soit féministe. Ou alors il faudrait accepter que des associations prétendument féministes sous le Troisième Reich, qui contribuaient sans sourciller à la propagation des idéaux nazis et à la défense de la race aryenne, fassent partie de l'héritage féministe. On en doute : ces mouvements étaient instrumentalisés par l'ordre totalitaire et personne n'oserait dire que leurs aspirations étaient féministes, au sens d'une émancipation, d'une revendication égalitaire, d'une lutte contre les discriminations. Si l'on s'en tient à cette même définition, le fondamentalisme, qu'il soit chrétien, juif ou musulman, ne peut pas être porteur de valeurs féministes. Certains parlent pour ces jeunes filles voilées de soumission volontaire, en opposition à une véritable liberté de choix. C'est exact. Mais encore faut-il tenter de comprendre ce qui s'exerce dans cette « libre soumission ». Et arrêter de distribuer des badges de victimes. Elles se piègent peut-être elles-mêmes mais ce ne sont pas des victimes. En tout cas, pas au sens usuel.

Ces jeunes femmes issues de la seconde génération sont, au moment de l'adolescence, face à des choix. Soit elles rompent avec le cercle familial, la tradition, la pesanteur des tabous en tournant le dos à leur héritage. Et ce n'est ni une décision facile à prendre, ni une décision facile à exécuter. Soit elles réfléchissent au bénéfice qu'elles peuvent tirer d'un retour en religion et là, les profits à court terme sont clairs : leur connaissance de l'islam, bien supérieure à celle de leurs parents, est une arme de contestation à l'intérieur de la famille. Elles peuvent dénoncer des croyances, fondées sur la tradition et non sur la religion. Elles peuvent tenter de remettre en question la domination patriarcale, qui n'existe pas dans la prescription religieuse. Leur supériorité intellectuelle les fait respecter de la fratrie. Abritées par leur voile et par leur soumission affirmée au principe de chasteté, elles peuvent gagner une relative autonomie, sortir seules, aller à l'université, remettre à plus tard la question de leur mariage. Par le foulard, elles neutralisent la menace de leur féminité qui terrifie le clan masculin et gagnent une liberté relative et surveillée mais une liberté tout de même. Elles réussissent à ne pas trahir le groupe tout en recherchant, dans la lecture des textes, une concordance avec des valeurs plus universelles, comme la justice, l'égalité, la liberté. Leur orthodoxie leur donne une légitimité, une force, une puissance par lesquelles elles espèrent retirer aux hommes le monopole de parler au nom de Dieu [27]. En se réappropriant la seule parole « autorisée », elles brisent le cadre traditionnel et s'émancipent du « destin » qui leur est dévolu.

Les islamistes ont vite compris le parti qu'ils pouvaient tirer de ces jeunes filles, construites, éduquées, intelligentes, capables de s'exprimer sur l'islam et de revendiquer sa dimension de « liberté » et de modernité, puisqu'elles-mêmes veulent y croire et ont, grâce à leur formation, tous les arguments indispensables au débat d'idées. Ces femmes sont entraînées, formées à la polémique. Elles la maîtrisent parfaitement.

Militantes médiatisées, elles sont aux avant-postes de la revendication. Une place dans la sphère publique qu'elles n'auraient jamais pu occuper autrement, et qu'elles ont réussi à conquérir... en faisant acte d'allégeance au fondamentalisme. Elles sont complices d'un système qui les nie mais qui leur donne un statut. Du point de vue de leur être social, c'est un progrès.

Porter le voile, contrairement à ce qu'affirment hypocritement les intégristes, ne signifie aucunement pour ces femmes préserver leur pudeur, ou se rendre « invisible » comme le demande la tradition. Il s'agit de l'exact opposé : une surexposition voulue, concertée, qui sert habilement le prosélytisme du foulard puisqu'il est défendu par des femmes.

Prendre le voile, c'est prendre le pouvoir. Et le prendre aux hommes.

En ce sens, le foulard est une mauvaise réponse à une bonne question.

Car évidemment, le piège se referme toujours à un moment. Evidemment, les contorsions intellectuelles ne parviennent pas à tout lisser et tout aplanir. Les jeunes femmes voilées reconnaissent souvent le malentendu, admettent que le foulard qu'elles refusent de considérer comme un signe d'inégalité continue à être perçu par leurs « frères » comme un signe de leur soumission.

Et ce texte sacré qu'elles vénèrent, à travers lequel elles se cherchent une place, et qu'elles portent en étendard de leur condition, ce texte qui donc ne peut être l'objet de critiques, contient aussi en lui la soumission de la femme à l'ordre masculin traditionnel [28].

Comment se sortir de ces contradictions insupportables ?

En se résignant.

Ou bien en poussant plus loin sa réflexion sur les véritables conditions d'une émancipation.

Voilà pourquoi il ne faut pas avoir peur d'affirmer nos convictions et d'aller porter la contradiction auprès des militantes de l'islam politique. Toute discussion n'est pas une tentative perdue d'avance entre personnes vouées à ne jamais se comprendre. C'est la possibilité toujours ouverte de réaffirmer des principes et de convaincre. Il ne faut pas sous-estimer l'évolution, la prise de conscience, la difficulté à slalomer intellectuellement entre les paradoxes, l'exaspération qui se produit forcément un jour face aux impasses idéologiques, aux refus d'envisager toute interprétation du monde autre que rituelle ou religieuse, à l'évidente mauvaise volonté du système patriarcal et traditionnel d'asseoir une réflexion sur la place de la femme dans l'islam... et à la difficulté théorique de le faire ! (A moins de s'atteler à une nouvelle lecture et interprétation des textes sacrés, qui prendra au bas mot quelques centaines d'années... Et pour quel bénéfice ?) Toutes ces questions, toutes ces frustrations creusent le doute et portent les germes d'une revendication plus large qui oblige à s'interroger, à considérer le monde au-delà des frontières identitaires naturelles. Si dans un premier temps, la communauté et la religion peuvent être des instruments d'affirmation par rapport au plus grand nombre, leurs limites, leurs impasses, leur caractère excluant et leur manque de perspective risquent d'apparaître tôt ou tard.

Les imams, les prédicateurs, les nouveaux responsables associatifs de l'islam, leurs organisations de jeunes ou d'étudiants, tous ceux qui travaillent depuis des années à former le nouveau terreau du fondamentalisme, qui en articulent l'idéologie, qui forment leurs recrues au prêt à penser antioccidental, qui tentent de refondre une laïcité aux couleurs de l'islam en pervertissant habilement le discours républicain, tous ces maîtres penseurs de l'intégrisme, devraient se méfier de la capacité critique qui risque d'émerger dans les rangs des « écoles » de l'islam politique. Et surtout parmi les filles, qui ont moins de bénéfices personnels à tirer de cet investissement, et qui se rendront compte, passé les premiers moments d'exaltation, que leur destin reste d'abord celui d'une génitrice. Après avoir contribué aux besoins de la cause, elles seront renvoyées selon toute logique dans leurs foyers et à leur condition première. Ces femmes qui se disent féministes de l'islam, risquent bien un jour d'envisager le féminisme, au-delà de leur pratique religieuse, comme une intéressante perspective de dépassement de leur condition. Car enfin pourquoi la liberté de conscience et d'expression devrait-elle se limiter au seul cadre d'un livre religieux ?

S'il y a un esprit du féminisme à l'œuvre, c'est bien chez elles. S'il existe une graine de féminisme, c'est bien elles qui en sont porteuses. Elles sont paradoxalement plus proches des militantes laïques qui se battent actuellement dans les quartiers (et qui représentent le nouveau féminisme), que toutes celles plus « intégrées » mais peu concernées par les questions politiques et sociales, et qui n'ont aucune envie de militer.

C'est un pari optimiste mais pas utopique. La dynamique qui est en jeu dans ce débat de société porte en elle des risques bien sûr, mais aussi des logiques que nul ne soupçonne aujourd'hui. On peut imaginer les hypothèses les plus pessimistes. Sans être angélique, on peut aussi imaginer des processus qui échappent à nos prévisions. Les femmes font partie de ces facteurs inattendus. Elles l'ont toujours été. Il faut croire en leur capacité de créer des moments de « rupture » avec leur milieu d'origine. Pour l'instant ces femmes voilées, écartelées entre une tradition à laquelle il est dur de tourner le dos, une chance d'intégration dont elles ont bien raison de dénoncer les limites, et la complexité de leur propre désir, ont trouvé, grâce au foulard, un moyen ultravisible d'occuper un territoire, de revendiquer une place à leur image dans cette société.

C'est l'envie de faire évoluer cette image vers une définition plus complète, de dépasser ses limites actuelles, d'être plus en harmonie avec leurs profondes aspirations qui est à l'œuvre et qui peut les mobiliser.

Le jour venu, si ce jour vient, serons-nous prêts ? A laisser tomber tous nos chiffons de discorde ? A parler avec elles, enfin, de ce qui nous rassemble ?

6

Penser féministe c'est penser politique

Être féministe, quelle drôle d'idée ! Le féminisme est en souffrance. Il s'est abîmé dans les sentiers escarpés et ennuyeux de sa théorie. Il s'est lui-même caricaturé par des positions antimasculines. Il a souvent déçu celles qui avaient le plus besoin de lui.

Mouvement politique, projet social ou école d'historien(ne)s ?

Le féminisme a dû rêver d'être tout à la fois. Aujourd'hui, il est surtout radicalement coupé de sa base féminine. Et même s'il a jadis remporté des succès, il peine à reprendre l'initiative.

Le féminisme, combien de divisions ? Aucune. Et pourtant des milliers.

Toutes celles qui disent : je ne suis pas féministe mais... Et derrière ce « mais », elles égrènent la liste de ce qui les indigne, les préoccupe, les révolte, les passionne concernant leur condition. Ce faisant, elles définissent le cadre général de ce qui constitue le féminisme dans sa définition contemporaine la plus simple et aussi la plus noble !

Drôle de « refoulé ». Comme si l'on disait : « Je n'ai pas la fièvre mais j'ai 39°5 au thermomètre, le pouls qui bat très vite, je transpire et je tremble. »

Pauvres de nous qui sommes passées en trente ans de la parole la plus libre, la plus imaginative et la plus insolente à une pure et simple autoconfiscation de notre parole.

Et pourtant... Etre féministe aujourd'hui pourrait s'illustrer simplement dans l'investissement encore plus poussé des femmes au cœur de l'entreprise, au cœur de la société civile, au cœur de la politique.

A condition de briser le tabou du pouvoir. Même si les hommes résistent, quoi qu'ils prétendent, à l'idée de le partager, les femmes doivent l'exiger en cessant de le redouter. D'autant que cette bataille avec les hommes n'est pas seulement juste, elle est porteuse d'une dynamique intéressante. Les femmes, ayant été longtemps privées de pouvoir, incarnent symboliquement non pas le contre-pouvoir (il n'y a pas de projet politique féminin), mais la remise en question du pouvoir. La fonction critique qui bouscule son évidence et sa légitimité. « Qui t'a fait roi (ou reine), de quelle place parles-tu, comment exerces-tu ton pouvoir, pour qui et contre qui ?... Je suis là pour t'empêcher de régner en rond... »

Et ce questionnement (symbolique, rappelons-le) s'applique non seulement au partage du pouvoir entre hommes et femmes, mais surtout, et c'est plus intéressant encore, s'exerce comme une critique de fond de l'exercice de ce pouvoir comme tel.

Ensuite les femmes, par leur histoire, sont porteuses d'une interrogation sur l'altérité, sur l'identité face à la règle générale, qui est au cœur des enjeux de société actuels. Ce débat de fond, qui oppose classiquement le droit à la « différence » à la vision universaliste, récemment réactualisé par la question communautariste, est aussi la problématique des femmes. Depuis des années elles balancent entre l'approche essentialiste qui met en avant leurs différences ou au contraire l'approche égalitaire, qui vise à les faire disparaître. Faire vivre le masculin et le féminin en politique, c'est bien imaginer un modèle démocratique qui respecte les singularités mais les transcende collectivement. L'universel qui fonde les valeurs de progrès, de justice, de liberté et d'égalité dont nous nous réclamons est légitime en ce qu'il est la résultante de ces deux aspects.

C'est vrai pour le rapport entre masculin et féminin, c'est aussi vrai pour le « droit à la différence » confronté au « désir d'être ensemble ».

La communauté, au sens de l'identité, pourquoi pas.

Le communautarisme, au sens du totalitarisme de l'identité, surtout pas.

La communauté de destin entre tous, absolument !

Voilà pourquoi faire vivre la mixité est toujours une chance pour les hommes comme pour les femmes. Et pour la société.

Penser féministe, c'est penser politique.

C'est investir les lieux du pouvoir et non pas les lieux des femmes. C'est être vigilantes sur nos droits qui sont non négociables, ici ou ailleurs. Mais c'est aussi comprendre l'importance du moment que nous sommes en train de vivre et le rôle que nous pouvons y jouer.

Notre responsabilité est immense et c'est maintenant que tout se passe.

Hors des constructions imaginaires et des pièges de l'essence féminine.

Hors du double statut empoisonné de l'innocente et de la victime.

Hors du cadre doré de la femme formidable et de la mère héroïque.

Hors de nos prisons mentales, qui parfois nous rassurent, et nous empêchent de nous poser la redoutable question de la liberté.

Il est temps d'enterrer les mythes et de nous replonger dans l'épopée. Celle des conquêtes et du partage. Aux côtés des hommes.

Ni meilleures, ni pires. Pour le meilleur.

NOTES

1 – *Le ras le bol des Superwomen* par Michèle Fitoussi, Calmann-Lévy, Paris, 1987.

2 – Cité par Elisabeth Badinter dans *Fausse Route*, Odile Jacob, Paris, mars 2003.

3 – Ces photos de soldats américains torturant des prisonniers irakiens dans le centre de détention d'Abou Graib ont été diffusées par CBS puis reprises dans la presse du monde entier en mai 2004. Lynndie England, soldate réserviste de 21 ans, ainsi que d'autres soldats américains ont comparu en août 2004 devant le tribunal militaire spécial de Fort Bragg en Caroline du Nord, qui devait déterminer si les inculpés devaient être déférés ou non devant une cour martiale. Si tel est le cas, ils risquent 38 ans d'emprisonnement.

4 – *Rwanda, le silence des criminelles* par C. Laurent, *Elle*, novembre 2002.

5 – « La longue marche des Tigres » par Bernard-Henri Lévy, *Le Monde*, 31 mai 2001.

6 – *Féminisme et Nazisme*, ouvrage collectif sous

la direction de Liliane Kandel, éd. Odile Jacob, Paris, 2004.

7 – *Le masculin, le sexuel et le politique*, par Armelle Le Bras-Chopard, Plon, Paris, 2004.

8 – *Le mouvement des femmes en Inde*, par Stéphane Tawa Lama-Rewal, *Le siècle des féminismes,* éd. de l'Atelier, Paris, 2004.

9 – Y compris lors du premier épisode de la question du foulard qui eut lieu en 1989 à propos de trois lycéennes voilées de Creil. Et qui donna lieu au fameux avis du Conseil d'Etat du 27 novembre 1989, qui estime que le port de signes religieux n'est « pas incompatible avec le principe de laïcité », avis derrière lequel se retrancha Lionel Jospin, alors ministre de l'Education du gouvernement de Michel Rocard. Soulignons en revanche du côté des intellectuels, le texte signé par Elisabeth Badinter, Régis Debray, Alain Finkielkraut, Elisabeth de Fontenay, Catherine Kintzler qui dénonce le « Munich de l'école républicaine » et la capitulation face à la laïcité mais insiste aussi sur la question des femmes : « En autorisant de facto le foulard islamique, symbole de la soumission féminine, (...) vous avez désarmé ces milliers de jeunes musulmanes qui se battent ici et là pour leur dignité et leur liberté » (*Le Nouvel Observateur*, 2 novembre 1989). Gisèle Halimi, Bernard-Henri Lévy se sont également prononcés à l'époque contre le port du foulard à l'école.

10 – C'est même ce qui a été déterminant dans la décision prise par le magazine *Elle* d'adresser un appel au Président de la République en insistant sur le fait que le foulard est d'abord un signe de soumis-

sion avant d'être un signe religieux et qu'il était nécessaire de rappeler le principe d'égalité homme femme. « (...) Accepter le voile islamique à l'école et dans l'administration publique, c'est légitimer un symbole visible de la soumission de la femme dans les lieux où l'Etat doit être garant d'une stricte égalité entre les sexes. Le voile islamique nous renvoie toutes, musulmanes et non-musulmanes, à un statut inférieur de la femme qui est intolérable. Toute complaisance à cet égard serait perçue par chaque femme de ce pays comme une atteinte personnelle à sa dignité et à sa liberté (...) » (*Elle*, 8 décembre 2003).

11 – Entre l'affaire de Creil et le vote de la loi contre les signes religieux en 2004, les positions des formations politiques ont évolué. A l'époque le PS était largement divisé, le PC pour une laïcité ferme. Le RPR (désormais UMP) reste constant, contre le port du foulard.

12 – Cette appellation assez floue de « gauche progressiste » manque forcément de nuances et oblige à faire des raccourcis. On parle ici des positions officielles même s'il existe des positions individuelles différentes au sein de chaque formation. (A l'intérieur du MRAP par exemple, une contestation d'une partie des militants eut lieu contre la position officielle anti-loi. SOS-Racisme, en revanche, a adopté une position en faveur de la loi et contre le voile instrument de soumission des femmes. La position du mouvement a donc évolué sensiblement face à la montée de l'islamisme : en 1989, Harlem Désir s'était prononcé contre l'interdiction du foulard à l'école.) Par ailleurs, sont aussi compris dans

cette mouvance tout un réseau d'associations et de collectifs comme la Ligue de l'enseignement, Femmes Publiques, Une école pour tous et toutes, Les mots sont importants, etc. Leur représentation numérique est certes faible mais leur intervention dans le champ des médias est visible.

13 – Charlotte Nordmann, Avant-propos, *Le Foulard islamique en questions*, éd. Amsterdam, Paris, 2004.

14 – Extrait de la pétition « Oui au foulard à l'école laïque », rédigée par Françoise Gaspard, sociologue, militante féministe (elle fut fer de lance du projet de loi sur la parité), Saïd Bouamana, sociologue, militante syndicale (CGT), Pierre Tévanian, professeur de philosophie, membre du SNES, Catherine Lévy, sociologue présidente de l'Ecole des citoyens et Etienne Balibar, philosophe.

15 – Débat sur le voile au Collectif Droit des Femmes, par Christine Delphy, chercheuse au CNRS, directrice de la revue *Nouvelles Questions Féministes*.

16 – *Le Figaro*, 6 janvier 2004.

17 – Respectivement : philosophe, avocate et présidente de Choisir la cause des femmes, psychanalyste et ancienne dirigeante de PsychéPo, directrice des Editions des Femmes, psychanalyste et historienne. Figures emblématiques de la défense des droits des femmes (à des degrés divers), elles se sont prononcées contre le foulard à l'école et pour la loi.

18 – Mohamed Kacimi, écrivain. *Libération*, 10 décembre 2003.

19 – *Libération*, 14 janvier 2004.

20 – « Les féministes se dévoilent » texte signé par

Catherine Deudon, photographe, Liliane Kandel, sociologue, ancienne responsable du Centre d'enseignement, de recherche et de documentation pour les études féministes à Paris VII et membre du comité de rédaction des *Temps Modernes*, Annie Sugier, présidente de la Ligue internationale du droit des femmes, Anne Zelensky, présidente de la Ligue du droit des femmes, toutes féministes de la première heure. *Le Monde*, 6 décembre 2003.

21 – *Le Figaro*, 28 mai 2004. Dounia Bouzar est anthropologue et personnalité qualifiée du bureau du Conseil français du culte musulman.

22 – Non pas qu'il n'y ait eu aucun autre mouvement de femmes des banlieues auparavant, non pas que nous ayons été totalement sourds et aveugles aux problèmes des quartiers jusque-là, non pas que d'autres féministes, d'autres associations ou partis politiques n'aient pas alerté et même agi sur la question, mais c'était, il faut le reconnaître, la première initiative collective de femmes (et d'hommes) décidant d'unifier, à travers une marche nationale, les dénonciations dispersées de la détérioration de la condition des femmes dans les quartiers et de la montée des violences. Plus qu'une marche, c'était une vraie démarche de fond. Même si elle laissait beaucoup de place à l'improvisation. Chaque étape permettant d'enrichir la réflexion, le champ des revendications, permettant aussi d'aller à la rencontre de tous les militants de l'islam politique, ennemis acharnés du mouvement, et donc de construire en continu le discours qui les combat politiquement. Il n'y a plus de « fantasme », il n'y a que du face-à-face. (NPNS a organisé deux marches

à travers la France : l'une début 2003, l'autre début 2004.)

23 – Sohane fut brûlée vive à Vitry-sur-Seine le 4 octobre 2002.

24 – « Pour nous le plus important c'est la politique de régression sociale du gouvernement dont les femmes sont les premières victimes. » Maya Surduts de la Cadac, *Libération*, samedi 6 mars 2004 .

25 – Certains dirigeants du PS ont choisi malgré tout de défiler aux côtés de NPNS. Entre autres Julien Dray, Malek Boutih, Jack Lang, Bertrand Delanoë.

26 – En tout cas une partie importante de sa représentation historique.

27 – Tout comme en République islamique iranienne, certaines femmes s'appuient sur une lecture égalitariste du Coran pour démontrer que le Coran n'interdit pas aux femmes de prendre la direction religieuse, juridique et politique de la société. Sans succès. La Constitution affirme quant à elle que le gouvernement garantit tous les droits de la femme dans tous les domaines, dans l'observance des règles islamiques. (Voir *Le mouvement d'émancipation des femmes en Iran* par Azadeh Kian-Thiébaut, *Le siècle des féminismes*, éd. de l'Atelier, Paris, 2004.)

28 – Voir *Françaises et musulmanes, entre réappropriation et remise en question des normes*, par Dounia Bouzar, *Le foulard islamique en questions*, op. cit.

TABLE

Photocomposition Nord Compo
59650 Villeneuve-d'Ascq

• • • SAGIM • CANALE • • •

Achevé d'imprimer en octobre 2004
sur rotative Variquik
à Courtry (77181)

Imprimé en France
ISBN : 2-246-67641-X
N° d'édition : 13 429
Dépôt légal : octobre 2004
N° d'impression : 7883